Impressum
Verlag: BABADADA GmbH, Nedderfeld 112 , 22529 Hamburg
Geschäftsführer / Verlagsleitung: Harald Hof
Druck: Books on Demand GmbH, In de Tarpen 42, 22848 Norderstedt

Imprint
Publisher: BABADADA GmbH, Nedderfeld 112 , 22529 Hamburg, Germany
Managing Director / Publishing direction: Harald Hof
Print: Books on Demand GmbH, In de Tarpen 42, 22848 Norderstedt, Germany

škola

школа

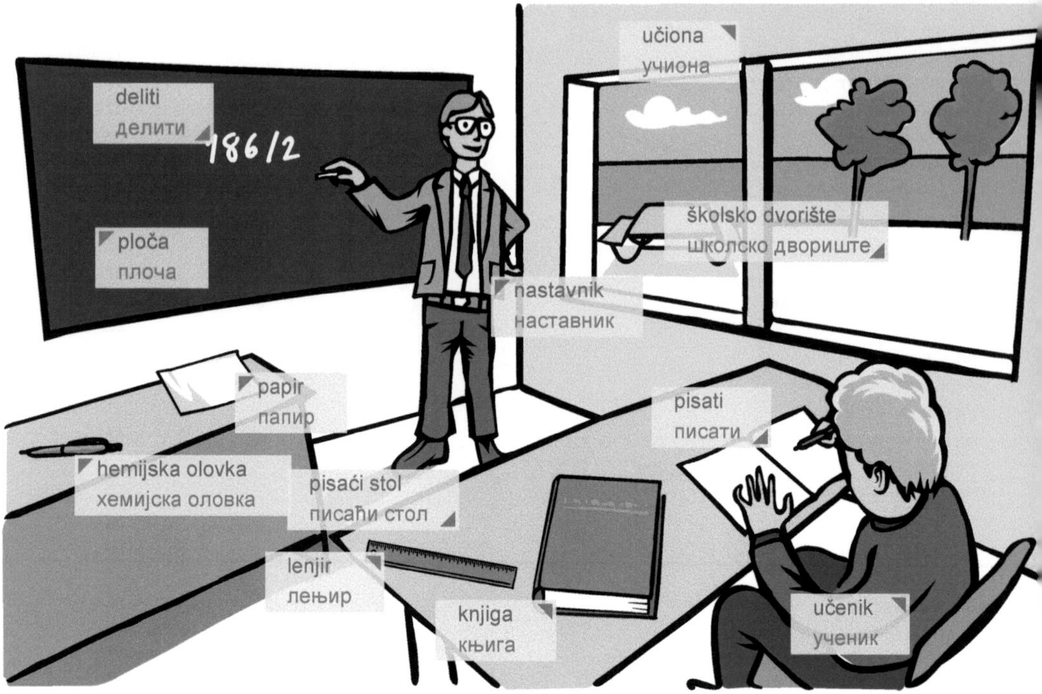

učiona
учиона
deliti
делити
186/2
ploča
плоча
školsko dvorište
школско двориште
nastavnik
наставник
papir
папир
pisati
писати
hemijska olovka
хемијска оловка
pisaći stol
писаћи стол
lenjir
лењир
knjiga
књига
učenik
ученик

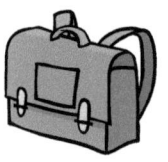

torba

торба

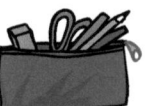

pernica

перница

grafitna olovka

графитна оловка

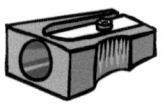

šiljilo za olovke

шиљило за оловке

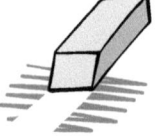

gumica za brisanje

гумица за брисање

blok za crtanje

блок за цртање

crtež

цртеж

kist

кист

kutija sa bojama

кутија са бојама

makaze

маказе

lepilo

лепило

beležnica

бележница

domaći zadatak

домаћи задатак

broj

број

2+2

sabirati

сабирати

5-2

oduzimati

одузимати

množiti

множити

računati

рачунати

A

slovo

слово

ABCDEFG
HIJKLMN
OPQRSTU
VWXYZ

abeceda

абецеда

reč

реч

tekst

текст

čitati

читати

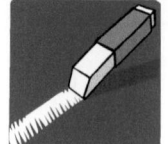

kreda

креда

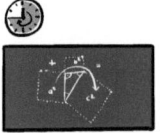

čas

час

dnevnik

дневник

ispit

испит

svedočanstvo

сведочанство

školska uniforma

школска униформа

obrazovanje

образовање

leksikon

лексикон

univerzitet

универзитет

mikroskop

микроскоп

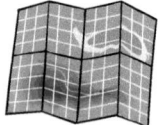

karta

карта

košara za papir

кошара за папир

putovanje
путовање

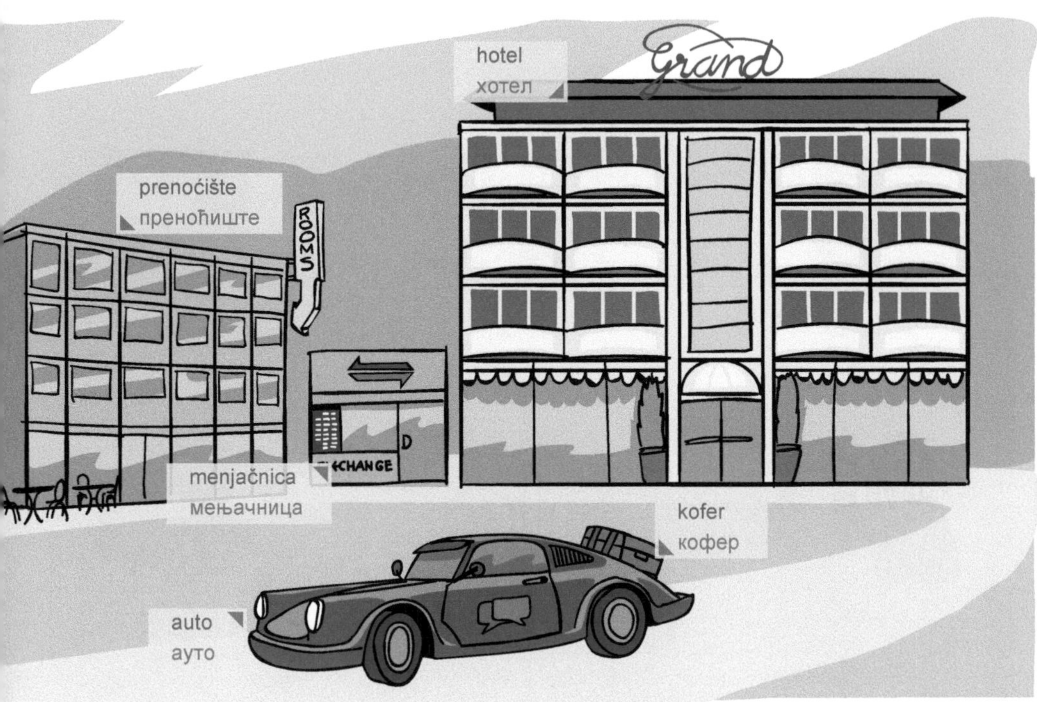
hotel
хотел
Grand
prenoćište
преноћиште
ROOMS
menjačnica
мењачница
EXCHANGE
kofer
кофер
auto
ауто

jezik
језик

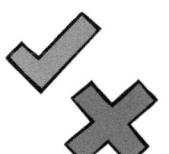

da / ne
да / не

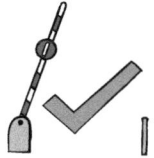

okej
океј

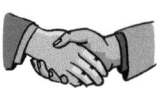

zdravo
здраво

prevodilac
преводилац

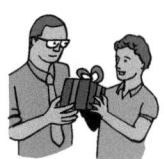

hvala
хвала

Koliko košta...?

Колико кошта...?

ne razumem

не разумем

problem

проблем

dobro veče!

добро вече!

Dobro jutro!

Добро јутро!

Laku noć!

Лаку ноћ!

doviđenja

довиђења

smer

смер

prtljaga

пртљага

torba

торба

ruksak

руксак

gost

гост

soba

соба

vreća za spavanje

вређа за спавање

šator

шатор

putovanje - путовање

turističke informacije

туристичке информације

plaža

плажа

kreditna kartica

кредитна картица

doručak

доручак

ručak

ручак

večera

вечера

karta za vožnju

карта за вожњу

lift

лифт

poštanska markica

поштанска маркица

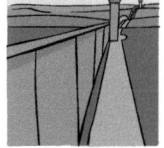

granica

граница

carina

царина

ambasada

амбасада

viza

виза

pasoš

пасош

avion
авион

brod
брod

vatrogasno vozilo
ватрогасно возило

autobus
аутобус

teretno vozilo
теретно возило

motorni čamac
моторни чамац

bicikl
бицикл

auto
ауто

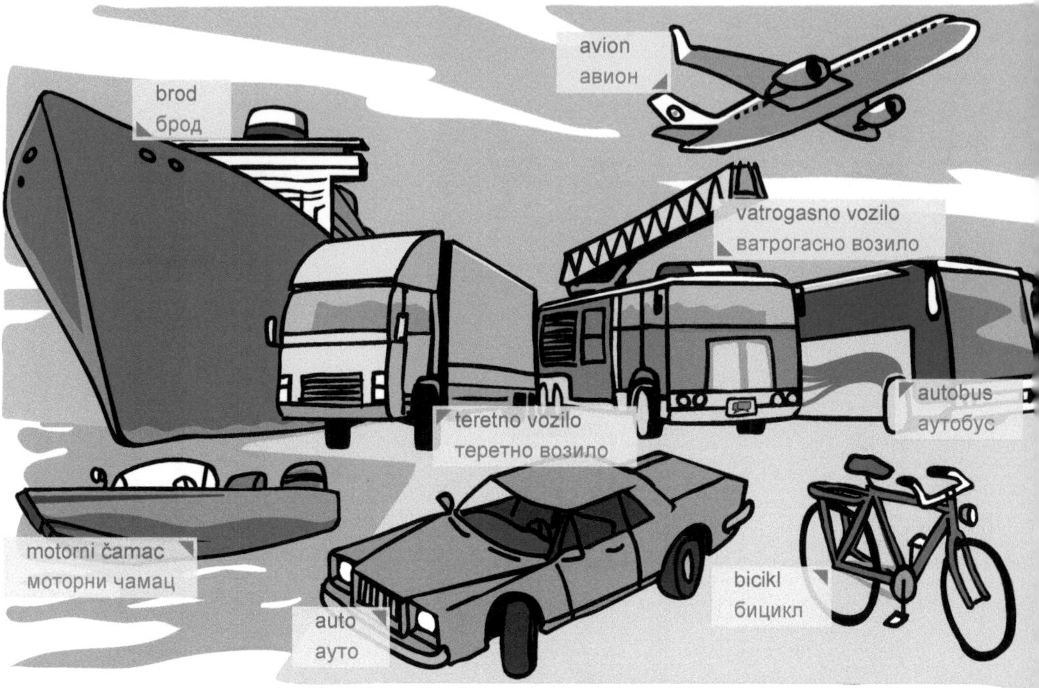

trajekt
трајект

čamac
чамац

motocikl
мотоцикл

policijski auto
полицијски ауто

trkaći auto
тркаћи ауто

iznajmljeno auto
изнајмљено ауто

delenje automobila

делење аутомобила

vučno vozilo

вучно возило

vozilo za odvoz smeća

возило за одвоз смећа

motor

мотор

benzin

бензин

benzinska stanica

бензинска станица

saobraćajni znak

саобраћајни знак

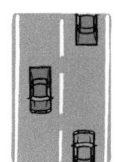

saobraćaj

саобраћај

zastoj

застој

parkiralište

паркиралиште

železnička stanica

железничка станица

šine

шине

voz

воз

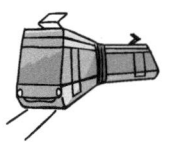

tramvaj

трамвај

vagon

вагон

helikopter

хеликоптер

aerodrom

аеродром

kula

кула

putnik

путник

kontejner

контејнер

karton

картон

kolica

колица

korpa

корпа

uzleteti / sleteti

узлетети / слетети

grad

град

selo

село

centar grada

центар града

kuća

кућа

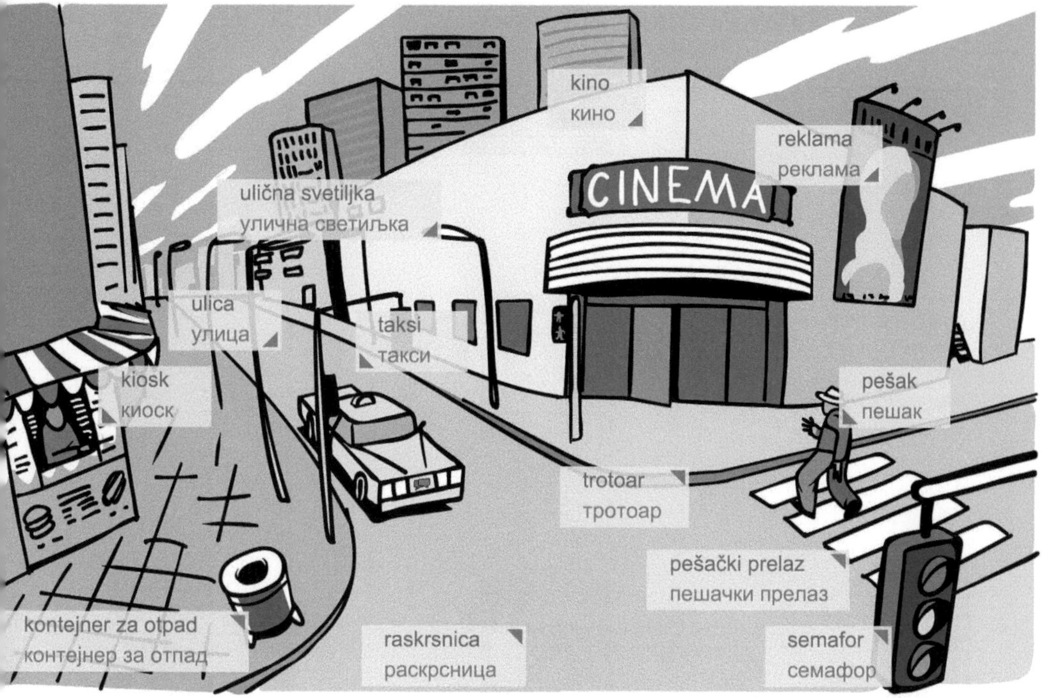
kino
кино
reklama
реклама
CINEMA
ulična svetiljka
улична светиљка
ulica
улица
taksi
такси
kiosk
киоск
pešak
пешак
trotoar
тротоар
pešački prelaz
пешачки прелаз
kontejner za otpad
контејнер за отпад
raskrsnica
раскрсница
semafor
семафор

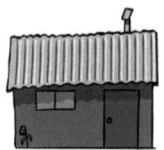

koliba

колиба

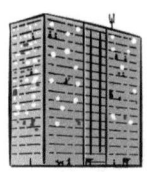

stan

стан

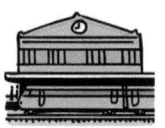

železnička stanica

железничка станица

većnica

већница

MUSEUM

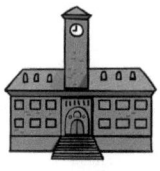

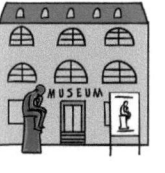

muzej

музеј

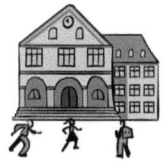

škola

школа

univerzitet

универзитет

banka

банка

bolnica

болница

hotel

хотел

apoteka

апотека

kancelarija

канцеларија

knjižara

књижара

prodavnica

продавница

cvećara

цвећара

supermarket

супермаркет

trg

трг

robna kuća

робна кућа

ribarnica

рибарница

trgovački centar

трговачки центар

luka

лука

park

парк

klupa

клупа

most

мост

stepenice

степенице

podzemna železnica

подземна железница

tunel

тунел

autobuska stanica

аутобуска станица

bar

бар

restoran

ресторан

poštansko sanduče

поштанско сандуче

ulični znak

улични знак

parkirni automat

паркирни аутомат

zoološki vrt

зоолошки врт

bazen

базен

džamija

џамија

seosko gazdinstvo

сеоско газдинство

zagađenje okoline

загађење околине

groblje

гробље

crkva

црква

igralište

игралиште

hram

храм

pejsaž

пејсаж

list
лист

putokaz
путоказ

put
пут

livada
ливада

kamen
камен

drvo
дрво

šetač
шетач

reka
река

trava
трава

cvijet
цвет

dolina

долина

planina

планина

jezero

језеро

šuma

шума

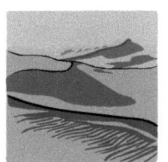

pustinja

пустиња

vulkan

вулкан

dvorac

дворац

duga

дуга

gljiva

гљива

palma

палма

moskito

москито

muva

мува

mrav

мрав

pčela

пчела

pauk

паук

pejsaž - пејсаж

buba
буба

žaba
жаба

veverica
веверица

jež
јеж

zec
зец

sova
сова

ptica
птица

labud
лабуд

divlja svinja
дивља свиња

jelen
јелен

los
лос

nasip
насип

vetrenjača
ветрењача

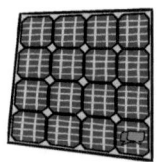

solarna ploča
соларна плоча

klima
клима

restoran
ресторан

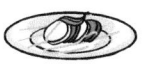

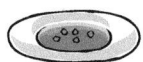

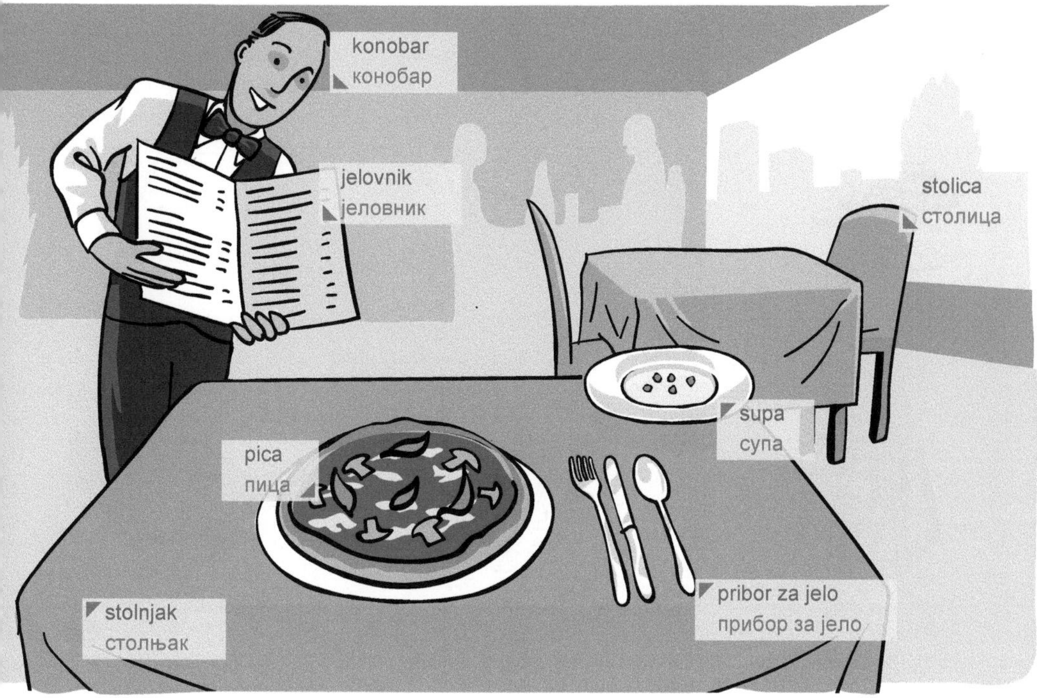
konobar
конобар
jelovnik
јеловник
stolica
столица
supa
супа
pica
пица
stolnjak
столњак
pribor za jelo
прибор за јело

predjelo

предјело

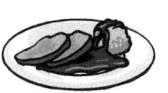

glavno jelo

главно јело

desert

десерт

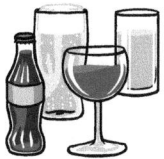

napitci

напитци

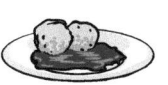

jelo

јело

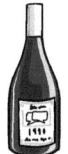

flaša

флаша

brza hrana

брза храна

imbis hrana

имбис храна

čajnik

чајник

doza za šećer

доза за шећер

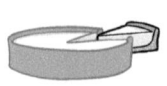

porcija

порција

aparat za espresso

апарат за еспресо

visoka stolica

висока столица

račun

рачун

poslužavnik

послужавник

nož

нож

viljuška

виљушка

kašika

кашика

čajna kašika

чајна кашика

salveta

салвета

čaša

чаша

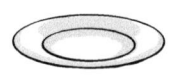

tanjir

тањир

tanjir za supu

тањир за супу

tanjirić

тањирић

sos

сос

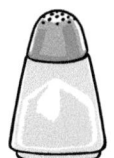

soljenka

сољенка

mlin za biber

млин за бибер

sirće

сирће

ulje

уље

začini

зачини

kečap

кечап

senf

сенф

majoneza

мајонеза

supermarket

супермаркет

ponuda
понуда
FOR
kupac
купац
mlečni proizvodi
млечни производи
voće
воће
kolica za kupovinu
колица за куповину

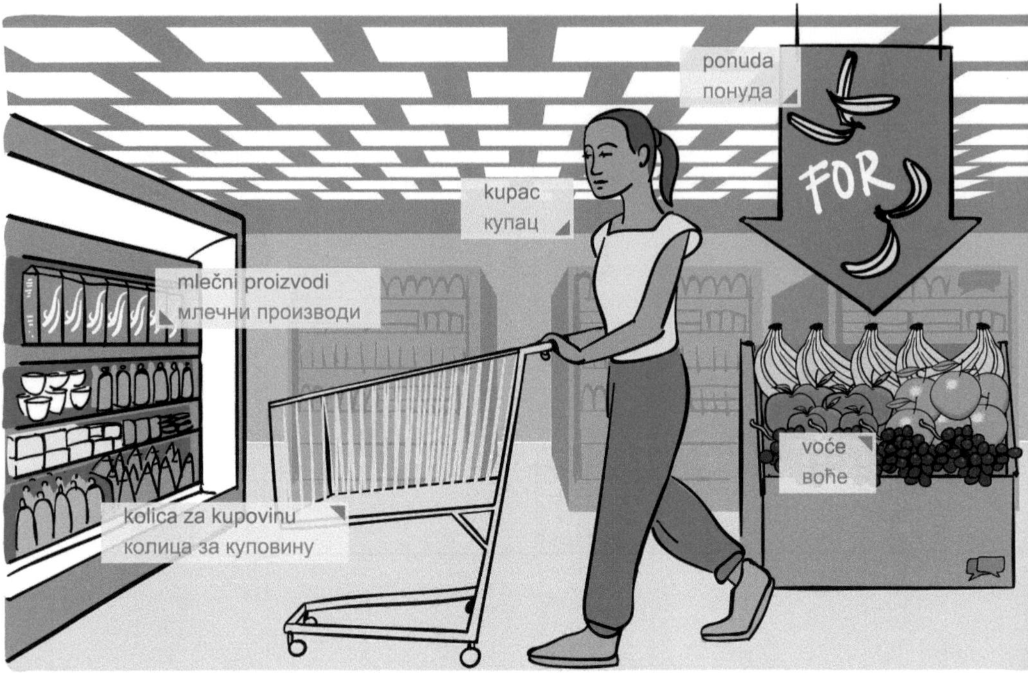

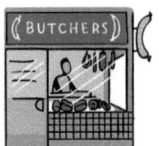

BUTCHERS

mesnica
месница

BAKERY

pekara
пекара

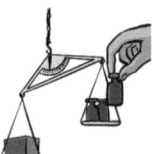

vagati
вагати

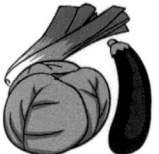

povrće
поврће

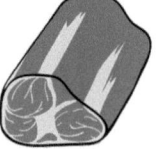

meso
месо

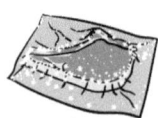

smrznuta hrana
смрзнута храна

narezak

нарезак

konzerve

конзерве

sredstvo za pranje

средство за прање

slatkiši

слаткиши

artikli za domaćinstvo

артикли за домаћинство

sredstva za čišćenje

средства за чишћење

prodavačica

продавачица

blagajna

благајна

blagajnik

благајник

lista za kupovinu

листа за куповину

vreme rada

време рада

novčanik

новчаник

kreditna kartica

кредитна картица

torba

торба

plastična kesa

пластична кеса

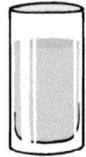

voda

вода

sok

сок

mleko

млеко

kola

кола

vino

вино

pivo

пиво

alkohol

алкохол

kakao

какао

čaj

чај

kava

кава

espresso

еспресо

cappuccino

капућино

banana

банана

jabuka

јабука

narandža

наранџа

lubenica

лубеница

limun

лимун

šargarepa

шаргарепа

beli luk

бели лук

bambus

бамбус

luk

лук

gljiva

гљива

orašasti plodovi

орашасти плодови

rezanci

резанци

špagete

шпагете

riža

рижа

salata

салата

pomfrit

помфрит

pečeni krumpir

печени крумпир

pica

пица

hamburger

хамбургер

sendvič

сендвич

šnicla

шницла

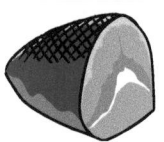

šunka

шунка

salama

салама

kobasica

кобасица

kokoš

кокош

pečenje

печење

riba

риба

zobene pahuljice

зобене пахуљице

musli

мусли

kukuruzne pahuljice

кукурузне пахуљице

brašno

брашно

kroasan

кроасан

pecivo

пециво

hleb

хлеб

toast

тоаст

keksi

кекси

maslac

маслац

sveži sir

свежи сир

kolač

колач

jaje

jaje

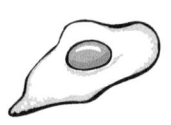

jaje na oko

jаjе на око

sir

сир

sladoled

сладолед

šećer

шећер

med

мед

marmelada

мармелада

nugat krema

нугат крема

kari

кари

seosko gazdinstvo

сеоско газдинство

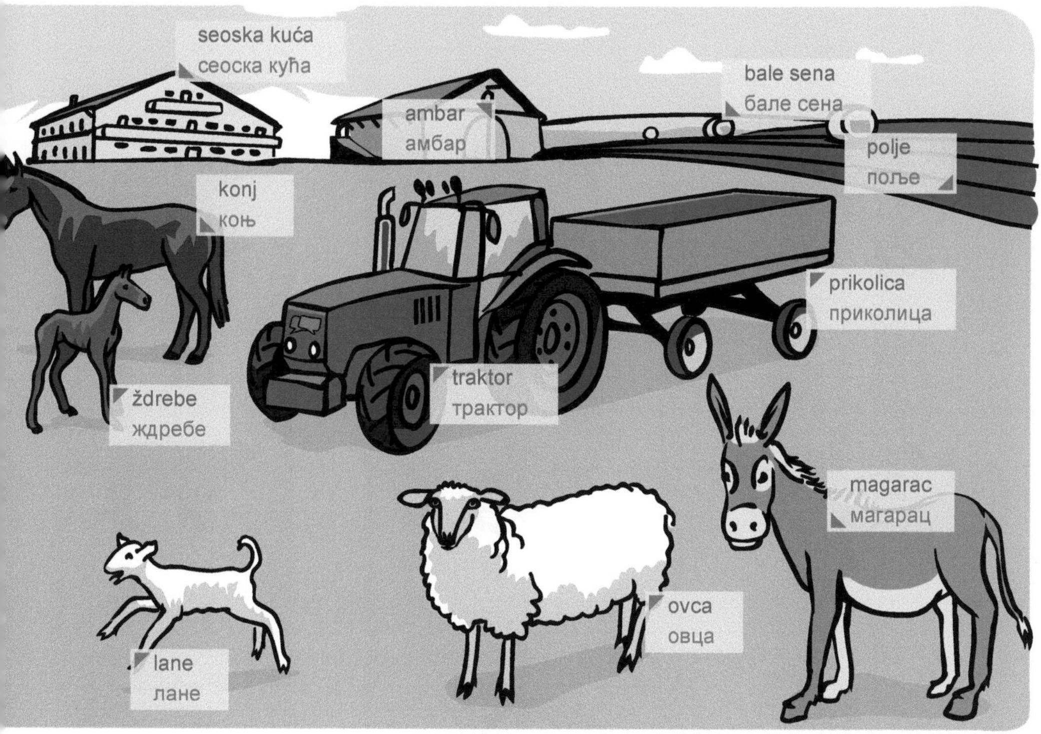
seoska kuća
сеоска кућа
bale sena
бале сена
ambar
амбар
polje
поље
konj
коњ
prikolica
приколица
traktor
трактор
ždrebe
ждребе
magarac
магарац
ovca
овца
lane
лане

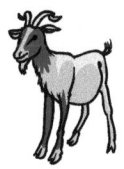

koza
....
коза

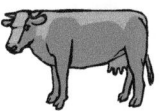

krava
....
крава

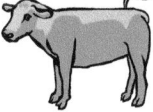

tele
....
теле

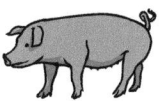

svinja
....
свиња

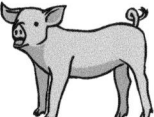

prase
....
прасе

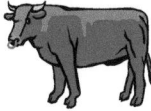

bik
....
бик

guska

гуска

patka

патка

pilići

пилићи

kokoš

кокош

petao

петао

pacov

пацов

mačka

мачка

miš

миш

vol

вол

pas

пас

kućica za psa

кућица за пса

vrtno crevo

вртно црево

kanta za polivanje

канта за поливање

kosa

коса

plug

плуг

srp

срп

motika

мотика

viljuška za đubrivo

виљушка за ђубриво

sekira

секира

tačke

тачке

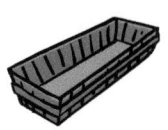

korito

корито

posuda za mleko

посуда за млеко

vreća

вређа

ograda

ограда

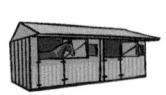

štala

штала

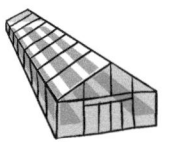

staklenik

стакленик

zemlja

земља

seme

семе

đubrivo

ђубриво

kombajn

комбајн

žeti

жети

žetva

жетва

jams začin

јамс зачин

pšenica

пшеница

soja

соја

krumpir

крумпир

kukuruz

кукуруз

uljana repica

уљана репица

voćka

воћка

gomolj manioke

гомољ маниоке

žitarice

житарице

kuća

кућа

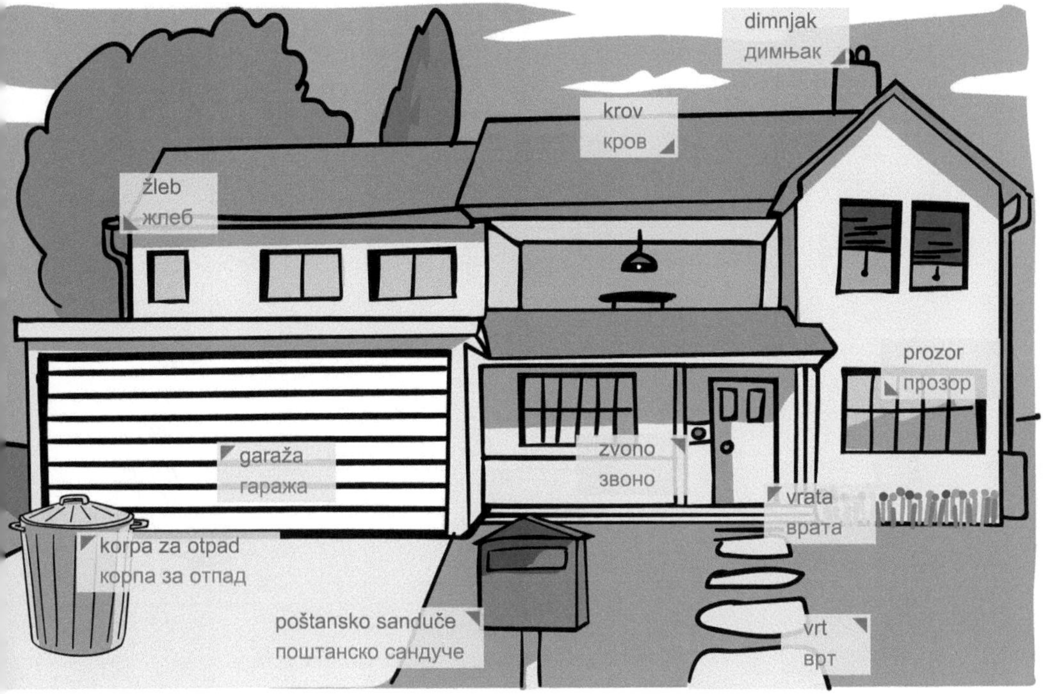
dimnjak
димњак
krov
кров
žleb
жлеб
prozor
прозор
garaža
гаража
zvono
звоно
vrata
врата
korpa za otpad
корпа за отпад
poštansko sanduče
поштанско сандуче
vrt
врт

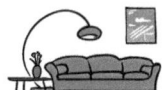

dnevna soba

дневна соба

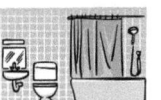

kupaonica

купаоница

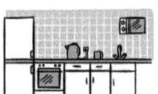

kuhinja

кухиња

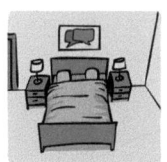

spavaća soba

спаваћа соба

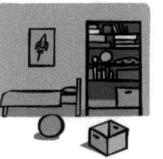

dečija soba

дечија соба

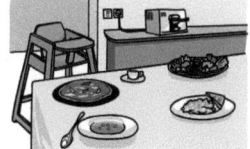

trpezarija

трпезарија

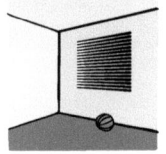

pod
под

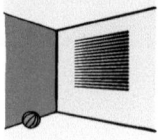

zid
зид

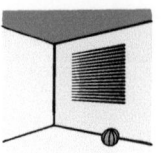

strop
строп

podrum
подрум

sauna
сауна

balkon
балкон

terasa
тераса

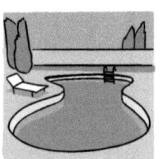

bazen
базен

kosilica za travu
косилица за траву

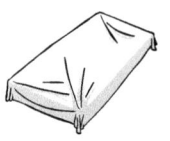

posteljina za krevet
постељина за кревет

deka za krevet
дека за кревет

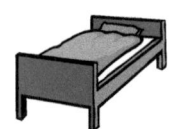

krevet
кревет

metla
метла

kanta
канта

prekidač
прекидач

dnevna soba

дневна соба

tapeta
тапета
slika
слика
svetiljka
светиљка
regal
регал
ormar
ормар
televizija
телевизија
kamin
камин
cvijet
цвет
jastuk
јастук
kauč
кауч
vaza
ваза
daljinski upravljač
даљински управљач

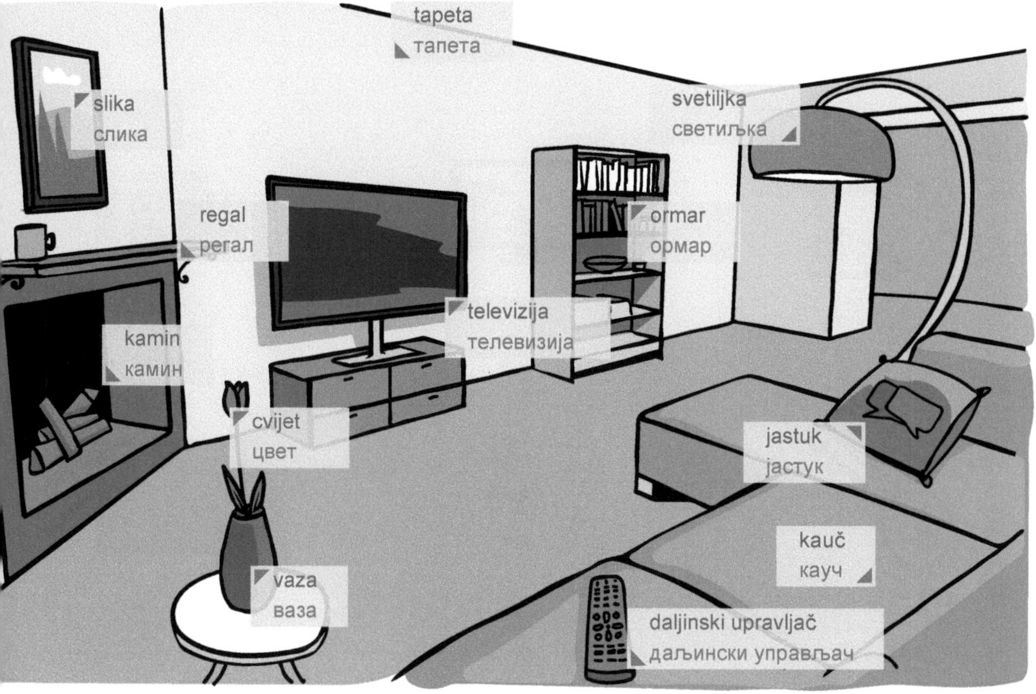

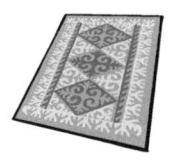

tepih

тепих

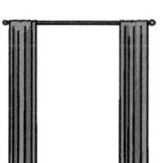

zavesa

завеса

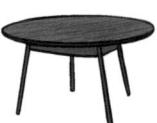

sto

сто

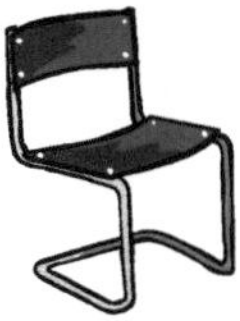

stolica

столица

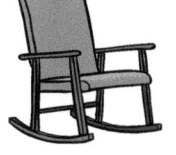

stolica za njihanje

столица за њихање

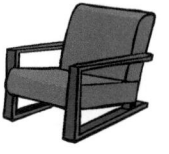

fotelja

фотеља

knjiga

књига

deka

дека

dekoracija

декорација

drvo za ogrev

дрво за огрев

film

филм

hi-fi uređaj

хи-фи уређај

ključ

кључ

novine

новине

slika na platnu

слика на платну

poster

постер

radio

радио

blok za pisanje

блок за писање

usisivač

усисивач

kaktus

кактус

sveća

свећа

kuhinja
кухиња

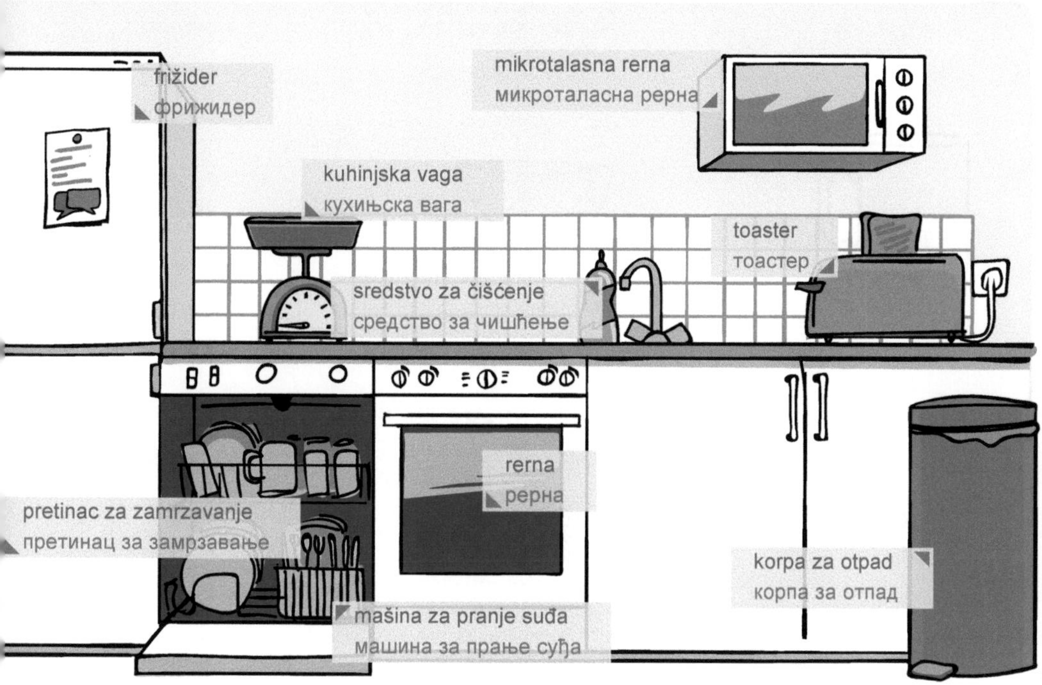

frižider
фрижидер
mikrotalasna rerna
микроталасна рерна
kuhinjska vaga
кухињска вага
toaster
тоастер
sredstvo za čišćenje
средство за чишћење
rerna
рерна
pretinac za zamrzavanje
претинац за замрзавање
korpa za otpad
корпа за отпад
mašina za pranje suđa
машина за прање суђа

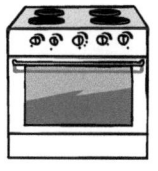

šporet

шпорет

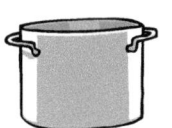

lonac

лонац

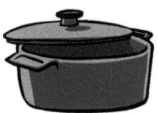

gvozdeni lonac

гвоздени лонац

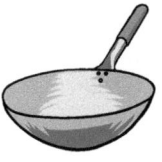

wok / kadai

вок / кадаи

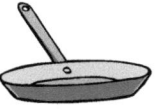

tava

тава

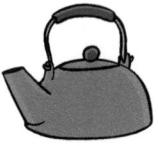

kuvalo za vodu

кувало за воду

kuvalo na paru

кувало на пару

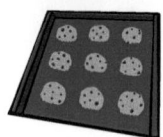

lim za pečenje

лим за печење

posuđe

посуђе

čaša

чаша

posuda

посуда

štapići za jelo

штапићи за јело

kutlača

кутлача

lopatica

лопатица

penjača

пењача

sito za kuvanje

сито за кување

sito

сито

ribež

рибеж

mužar

мужар

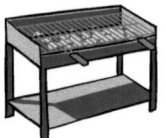

roštilj

роштиљ

ognjište

огњиште

daska

даска

oklagija

оклагија

vadičep

вадичеп

konzerva

конзерва

otvarač konzervi

отварач конзерви

krpa za lonac

крпа за лонац

sudoper

судопер

četka

четка

sunđer

сунђер

mikser

миксер

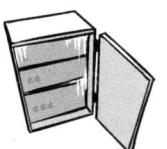

zamrzivač

замрзивач

flašica za bebe

флашица за бебе

slavina za vodu

славина за воду

kupaonica
купаоница

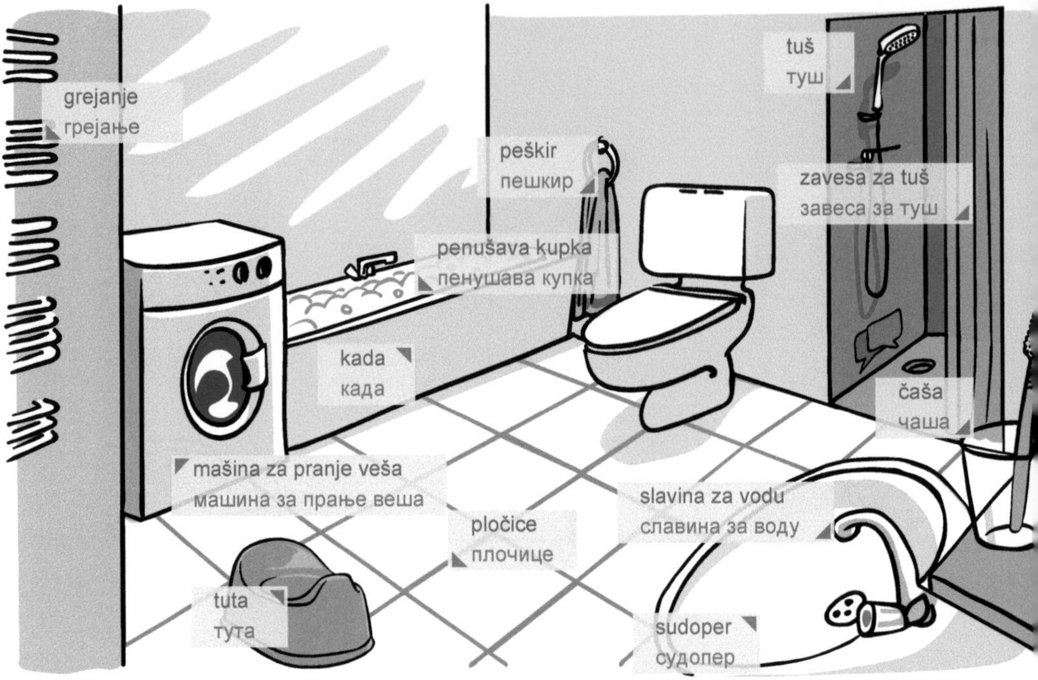
grejanje
грејање
peškir
пешкир
tuš
туш
zavesa za tuš
завеса за туш
penušava kupka
пенушава купка
kada
када
čaša
чаша
mašina za pranje veša
машина за прање веша
slavina za vodu
славина за воду
pločice
плочице
tuta
тута
sudoper
судопер

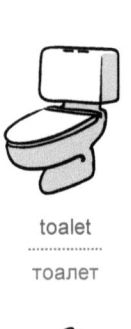

toalet

тоалет

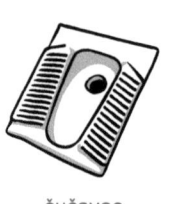

čučavac

чучавац

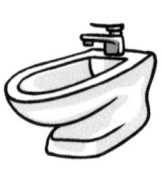

bidet

бидет

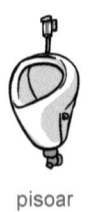

pisoar

писоар

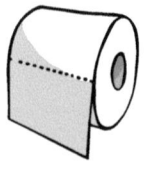

toaletni papir

тоалетни папир

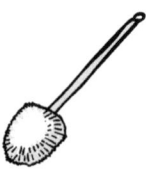

četka za toalet

четка за тоалет

četkica za zube

четкица за зубе

pasta za zube

паста за зубе

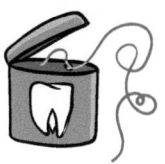

konac za zube

конац за зубе

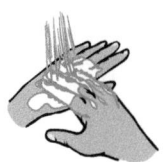

prati

прати

tuš ručica

туш ручица

tuš za pranje intimnih delova

туш за прање интимних делова

lavor

лавор

četka za pranje leđa

четка за прање леђа

sapun

сапун

gel za tuširanje

гел за туширање

šampon

шампон

krpa za pranje

крпа за прање

odvod

одвод

krema

крема

dezodorans

дезодоранс

ogledalo

огледало

kozmetičko ogledalo

козметичко огледало

brijač

бријач

pena za brijanje

пена за бријање

losion za posle brijanja

лосион за после бријања

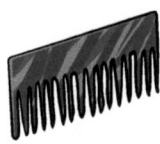

češalj

чешаљ

četka

четка

fen za kosu

фен за косу

sprej za kosu

спреј за косу

makeup

шминка

ruž za usne

руж за усне

lak za nokte

лак за нокте

vata

вата

makaze za nokte

маказе за нокте

parfem

парфем

kozmetička torbica

козметичка торбица

stolica

столица

vaga

вага

ogrtač

огртач

rukavice za čišćenje

рукавице за чишћење

tampon

тампон

uložak

уложак

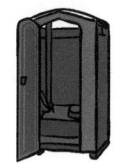

hemijski toalet

хемијски тоалет

dečija soba
дечија соба

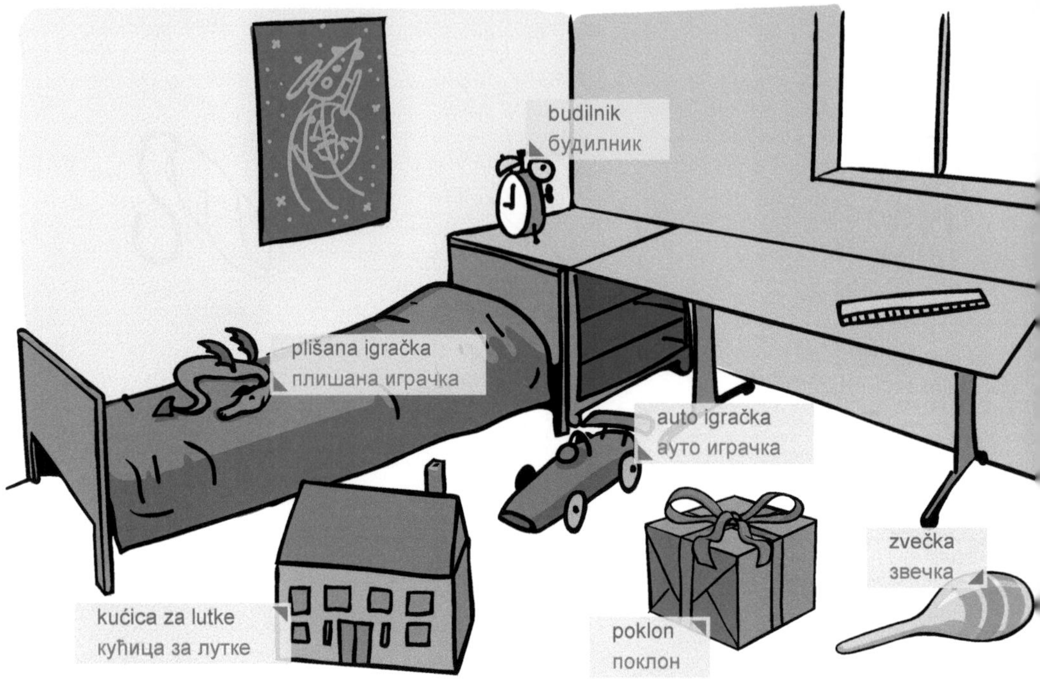
budilnik
будилник
plišana igračka
плишана играчка
auto igračka
ауто играчка
zvečka
звечка
kućica za lutke
кућица за лутке
poklon
поклон

balon
балон

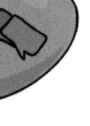

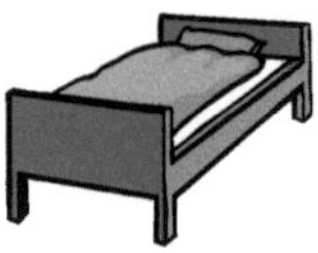

krevet
кревет

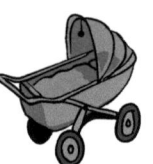

dječija kolica
дјечија колица

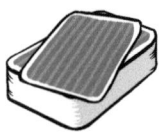

igra s kartama
игра са картама

slagalica
слагалица

SUPER MEGA

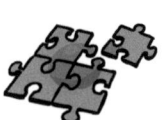

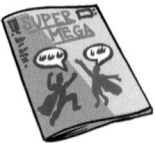

strip
стрип

lego kockice

лего коцкице

kockice za slaganje

коцкице за слагање

akcioni junak

акциони јунак

benkica za bebe

бенкица за бебе

frizbi

фризби

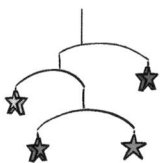

viseće igračke

висеће играчке

društvene igre

друштвене игре

kocka

коцка

minijaturna željeznica

минијатурна жељезница

duda

дуда

zabava

забава

slikovnica

сликовница

lopta

лопта

lutka

лутка

igrati

играти

pješčanik

пешчаник

ljuljačka

љуљачка

igračka

играчка

konzola za igre

конзола за игре

tricikl

трицикл

tedi

теди

ormar

ормар

odeća

одећа

kratke čarape

кратке чарапе

čarape

чарапе

hulahopke

хулахопке

šal / **шал**

kišobran / **кишобран**

majica / **мајица**

kaiš / **каиш**

čizme / **чизме**

papuče / **папуче**

patike / **патике**

sandale	cipele	gumene čizme
сандале	ципеле	гумене чизме

gaćice	grudnjak	potkošulja
гаћице	грудњак	поткошуља

odeća - одећа

bodi

боди

pantalone

панталоне

farmerke

фармерке

suknja

сукња

bluza

блуза

košulja

кошуља

džemper

џемпер

džemper s kapuljačom

џемпер с капуљачом

sako

сако

jakna

јакна

kaput

мантил

kabanica

кабаница

kostim

костим

haljina

хаљина

venčanica

венчаница

odeća - одећа

odelo
одело

spavaćica
спаваћица

pidžama
пиџама

sari
сари

marama za glavu
марама за главу

turban
турбан

burka
бурка

kaftan
кафтан

abaja
абаја

kupaći kostim
купаћи костим

kupaće gaćice
купаће гаћице

kratke pantalone
кратке панталоне

odeća za trening
одећа за тренинг

kecelja
кецеља

rukavice
рукавице

dugme

дугме

naočare

наочаре

narukvica

наруквица

ogrlica

огрлица

prsten

прстен

naušnica

наушница

kapa

капа

vešalica

вешалица

šešir

шешир

kravata

краврата

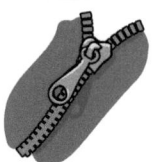

patent zatvarač

патент затварач

kaciga

кацига

naramenice

нараменице

školska uniforma

школска униформа

uniforma

униформа

podbradak

подбрадак

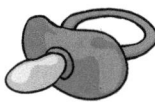

duda

дуда

pelena

пелена

kancelarija
канцеларија

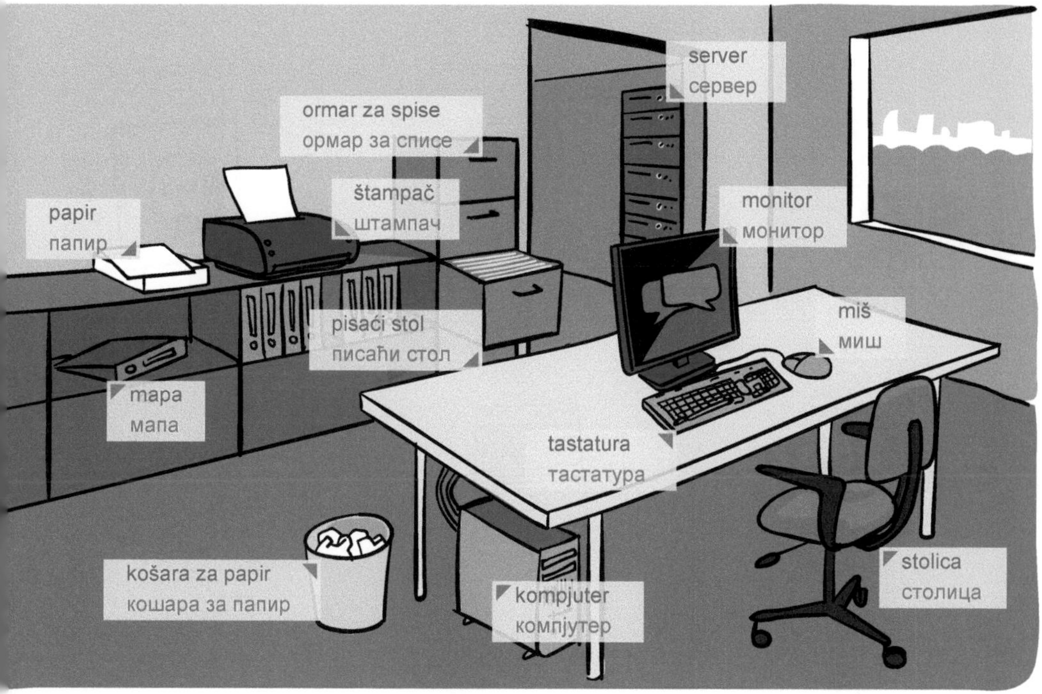

server
сервер

ormar za spise
ормар за списе

štampač
штампач

monitor
монитор

papir
папир

miš
миш

pisaći stol
писаћи стол

mapa
мапа

tastatura
тастатура

košara za papir
кошара за папир

kompjuter
компјутер

stolica
столица

šalica za kavu

шалица за каву

kalkulator

калкулатор

internet

интернет

laptop

лаптоп

pismo

писмо

poruka

порука

mobilni telefon

мобилни телефон

mreža

мрежа

uređaj za kopiranje

уређај за копирање

softver

софтвер

telefon

телефон

utičnica

утичница

faks

факс

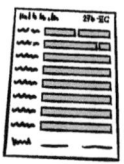

formular

формулар

dokument

документ

kancelarija - канцеларија

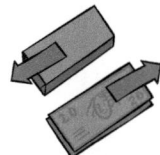

kupovati

куповати

platiti

платити

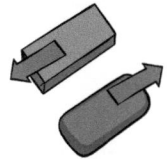

trgovati

трговати

novac

новац

dolar

долар

evro

евро

jen

јен

rublja

рубља

švajcarski franak

швајцарски франак

renmindbi juan

ренминдби јуан

rupija

рупија

automat za novac

аутомат за новац

menjačnica

мењачница

zlato

злато

srebro

сребро

nafta

нафта

energija

енергија

cena

цена

ugovor

уговор

porez

порез

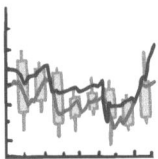

deonica

деонице

raditi

радити

službenik

службеник

poslodavac

послодавац

fabrika

фабрика

prodavnica

продавница

ekonomija - економија

zanimanja

занимања

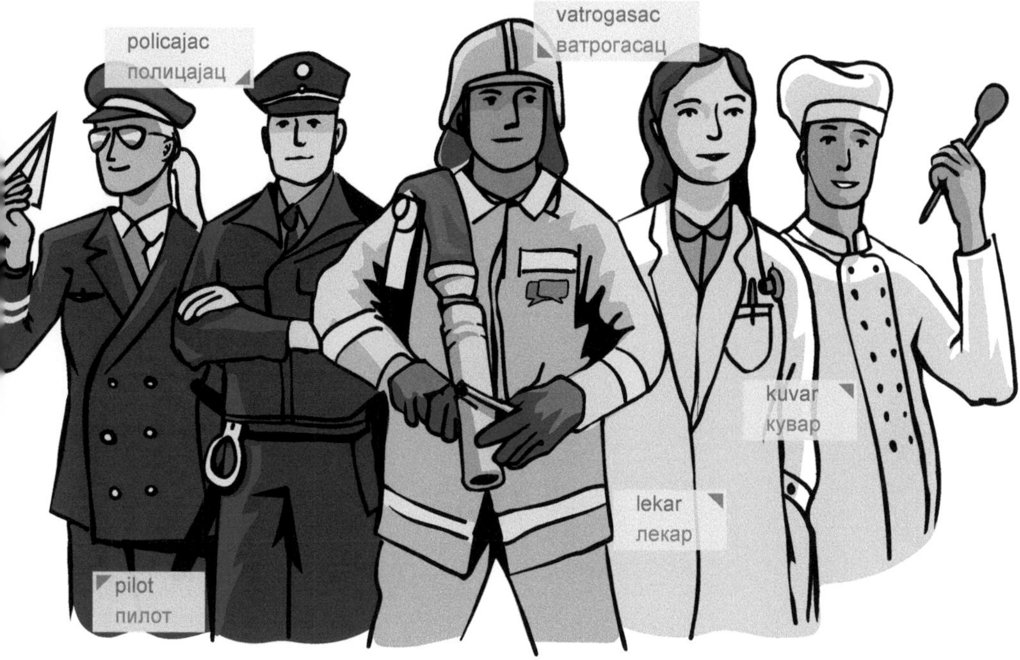

policajac
полицајац
vatrogasac
ватрогасац
kuvar
кувар
lekar
лекар
pilot
пилот

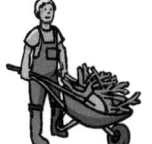

vrtlar

вртлар

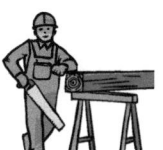

stolar

столар

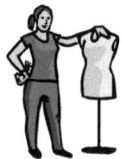

krojačica

кројачица

sudija

судија

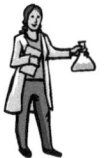

hemičar

хемичар

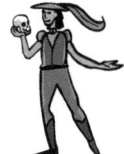

glumac

глумац

vozač autobusa

возач аутобуса

vozač taksija

возач таксија

ribar

рибар

čistačica

чистачица

krovopokrivač

кровопокривач

konobar

конобар

lovac

ловац

slikar

сликар

pekar

пекар

električar

електричар

građevinski radnik

грађевински радник

inženjer

инжењер

mesar

месар

limar

лимар

poštar

поштар

vojnik

војник

arhitekta

архитекта

blagajnik

благајник

cvećar

цвећар

frizer

фризер

kondukter

кондуктер

mehaničar

механичар

kapetan

капетан

zubar

зубар

naučnik

научник

rabi

раби

imam

имам

monah

монах

svećenik

свећеник

alati
алати

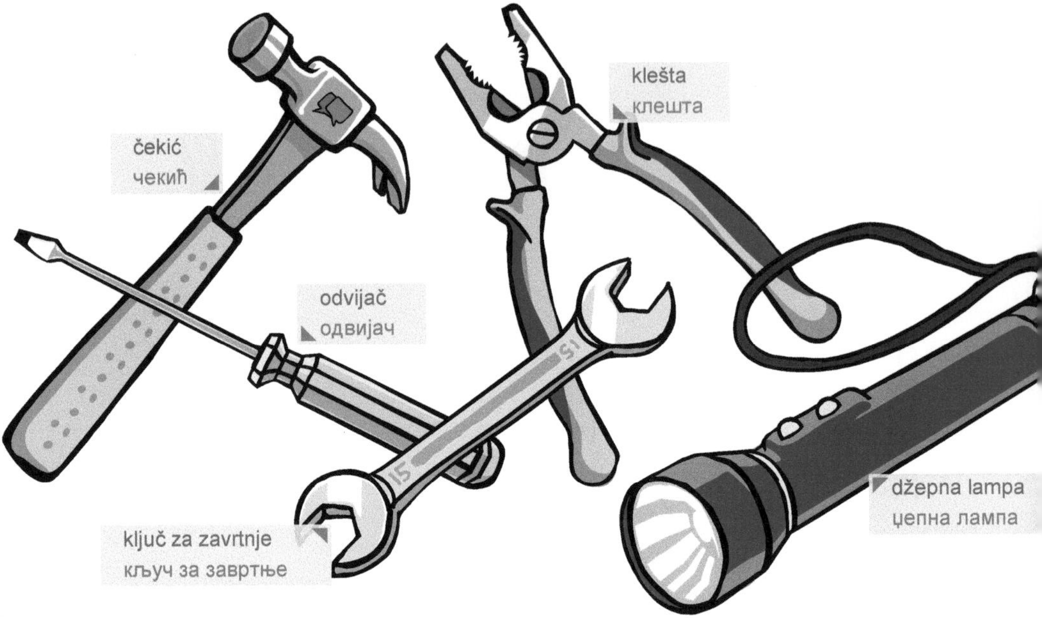

čekić
чекић
klešta
клешта
odvijač
одвијач
ključ za zavrtnje
кључ за завртње
džepna lampa
џепна лампа

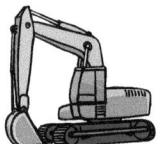

bager

багер

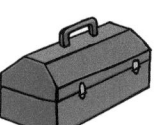

kutija za alat

кутија за алат

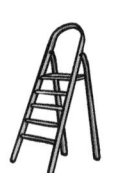

merdevine

мердевине

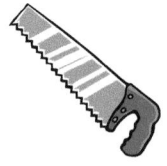

pila

пила

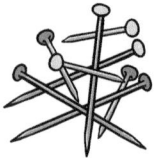

ekser

ексер

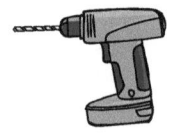

bušilica

бушилица

popraviti

поправити

lopata

лопата

do đavola!

до ђавола!

lopatica

лопатица

lonac za boju

лонац за боју

zavrtanji

завртањи

muzički instrument
музички инструмент

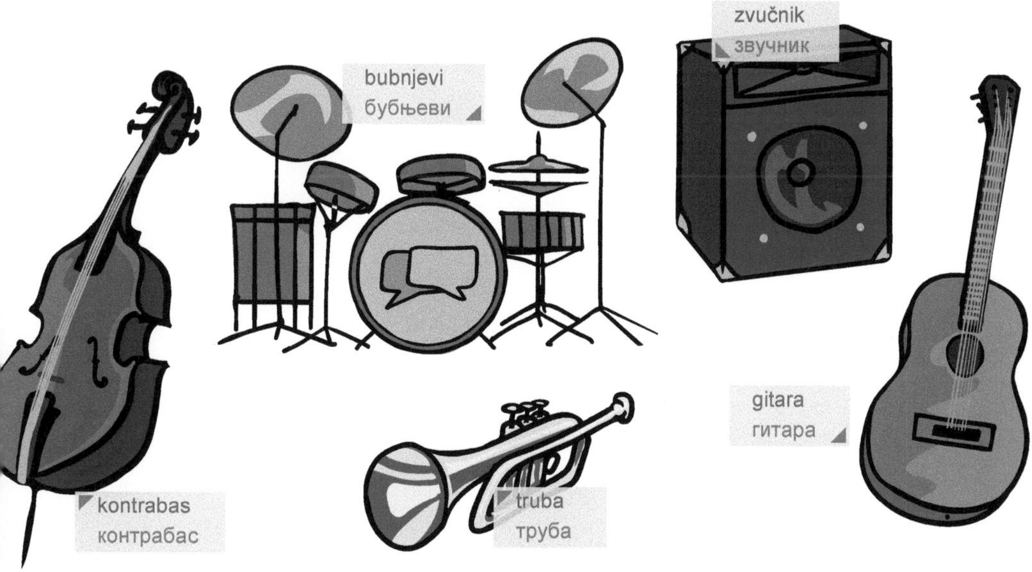

zvučnik
звучник

bubnjevi
бубњеви

kontrabas
контрабас

truba
труба

gitara
гитара

klavir

клавир

violina

виолина

bas

бас

timpani

тимпани

udaraljke za bubnjeve

удараљке за бубњеве

tipke klavira

типке клавира

saksofon

саксофон

flauta

флаута

mikrofon

микрофон

zoološki vrt

зоолошки врт

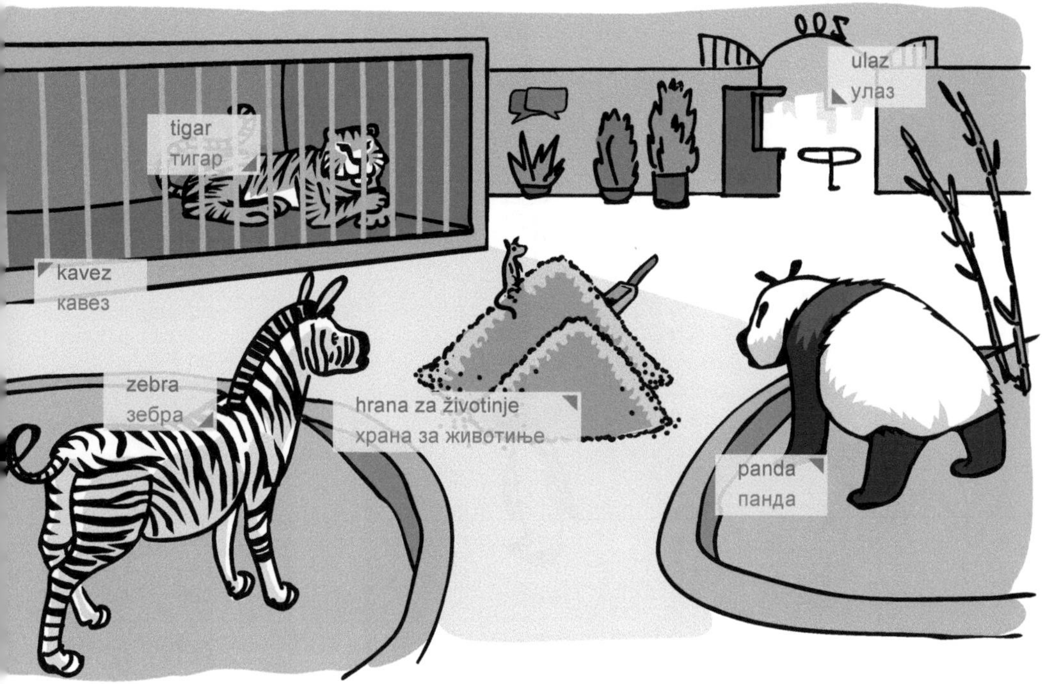

tigar
тигар
ulaz
улаз
kavez
кавез
zebra
зебра
hrana za životinje
храна за животиње
panda
панда

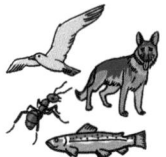

životinje

животиње

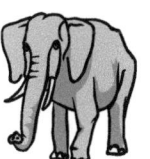

slon

слон

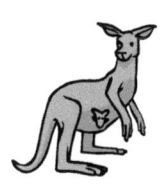

kengur

кенгур

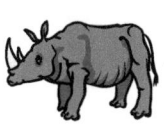

nosorog

носорог

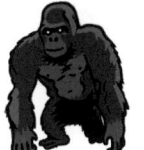

gorila

горила

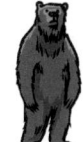

medved

медвед

kamila

камила

noj

нoj

lav

лав

majmun

мајмун

flamingo

фламинго

papagaj

папагај

polarni medved

поларни медвед

pingvin

пингвин

ajkula

ајкула

paun

паун

zmija

змија

krokodil

крокодил

čuvar u zoološkom vrtu

чувар у зоолошком врту

tuljan

туљан

jaguar

јагуар

zoološki vrt - зоолошки врт

poni

пони

leopard

леопард

nilski konj

нилски коњ

žirafa

жирафа

orao

орао

divlja svinja

дивља свиња

riba

риба

kornjača

корњача

morž

морж

lisica

лисица

gazela

газела

američki nogomet
амерички ногомет

biciklizam
бициклизам

tenis
тенис

košarka
кошарка

plivanje
пливање

boks
бокс

hokej na ledu
хокеј на леду

fudbal

фудбал

badminton

бадминтон

atletika

атлетика

rukomet

рукомет

skijanje

скијање

polo

поло

skočiti
скочити

zagrliti
загрлити

smejati se
смејати се

ići
ићи

pevati
певати

sanjati
сањати

moliti se
молити се

poljubiti
пољубити

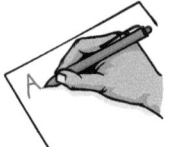

pisati
писати

crtati
цртати

pokazati
показати

gurati
гурати

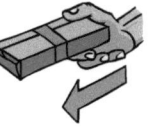

dati
дати

uzeti
узети

imati

имати

činiti

чинити

biti

бити

stojati

стојати

trčati

трчати

povlačiti

повлачити

baciti

бацити

padati

падати

ležati

лежати

čekati

чекати

nositi

носити

sediti

седити

oblačiti

облачити

spavati

спавати

probuditi se

пробудити се

gledati

гледати

plakati

плакати

milovati

миловати

češljati

чешљати

govoriti

говорити

razumeti

разумети

pitati

питати

slušati

слушати

piti

пити

jesti

јести

pospremiti

поспремити

voleti

волети

kuhati

кухати

voziti

возити

leteti

летети

ploviti

пловити

računati

рачунати

čitati

читати

učiti

учити

raditi

радити

venčati se

венчати се

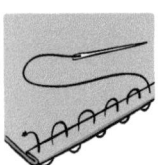

šiti

шити

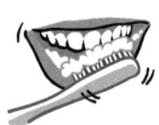

prati zube

прати зубе

ubiti

убити

pušiti

пушити

poslati

послати

porodica

породица

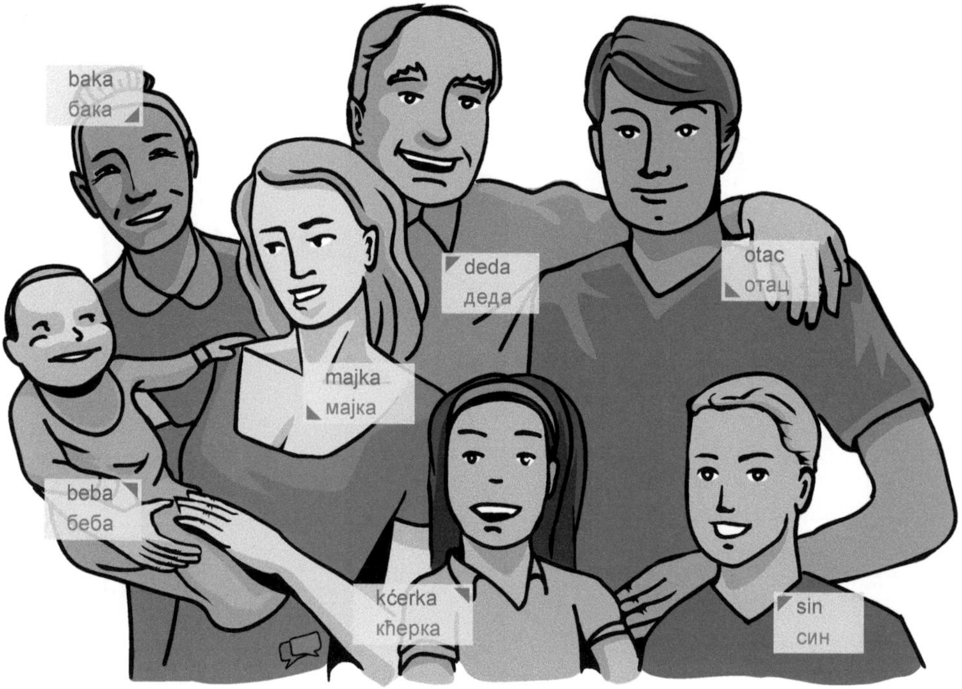

baka
бака
deda
деда
otac
отац
majka
мајка
beba
беба
kćerka
кћерка
sin
син

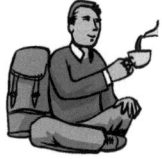

gost

гост

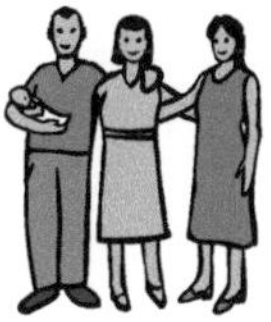

tetka

тетка

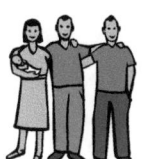

ujak, stric

ујак, стриц

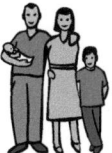

brat

брат

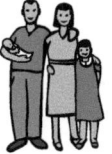

sestra

сестра

telo

тело

čelo
чело
oko
око
rame
раме
prst
прст
lice
лице
brada
брада
ruka
рука
noga
нога
grudi
груди
ruka
рука

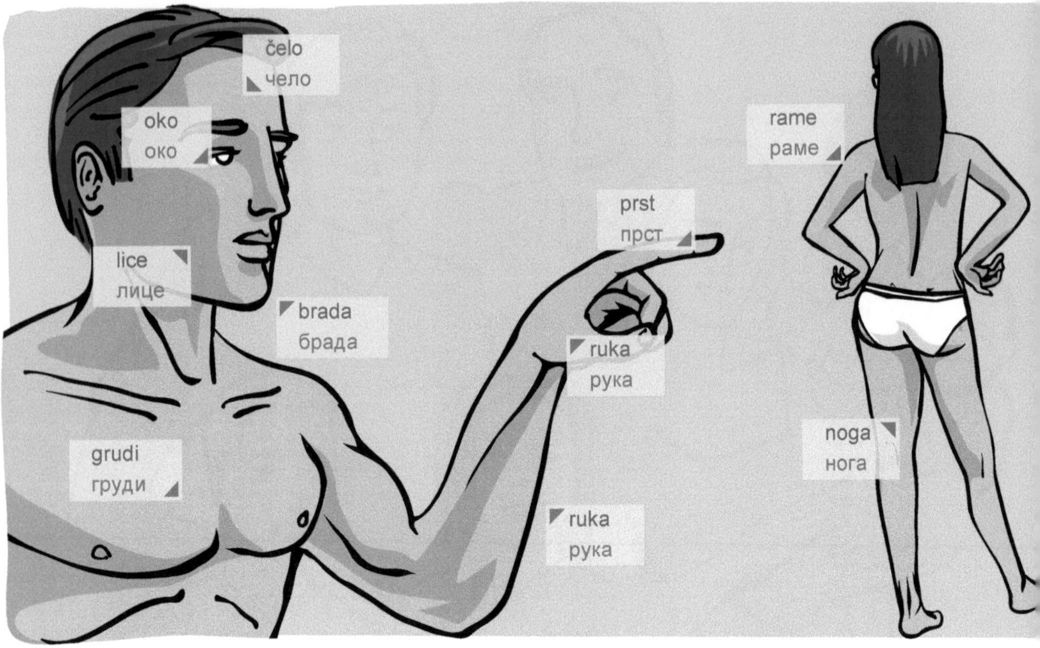

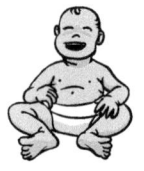

beba

беба

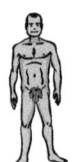

muškarac

мушкарац

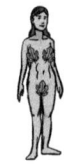

žena

жена

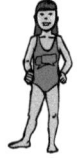

devojčica

девојчица

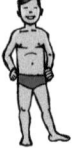

dečak

дечак

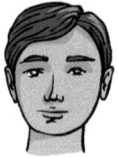

glava

глава

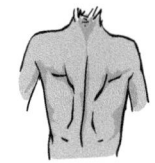

leđa

леђа

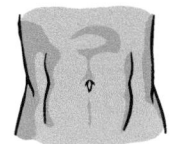

stomak

стомак

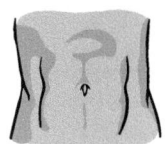

pupak

пупак

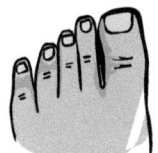

nožni prst

ножни прст

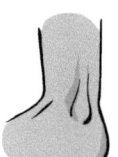

peta

пета

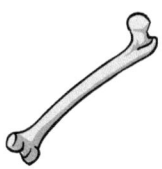

kost

кост

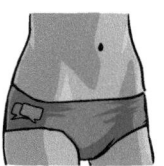

kukovi

кукови

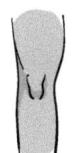

koleno

колено

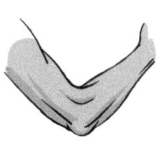

lakat

лакат

nos

нос

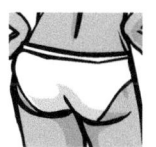

zadnjica

задњица

koža

кожа

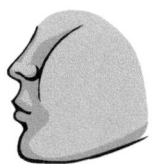

obraz

образ

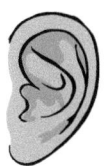

uvo

уво

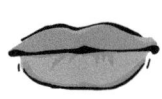

usna

усна

usta

уста

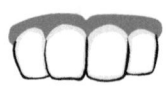

zub

зуб

jezik

језик

mozak

мозак

srce

срце

mišić

мишић

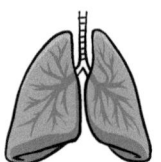

pluća

плућа

jetra

јетра

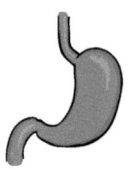

želudac

желудац

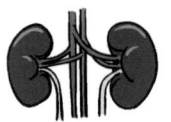

bubrezi

бубрези

polni odnos

полни однос

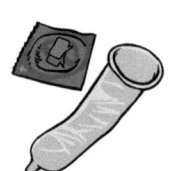

kondom

кондом

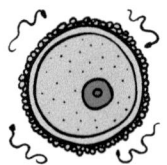

jajna ćelija

јајна ћелија

sperma

сперма

trudnoća

трудноћа

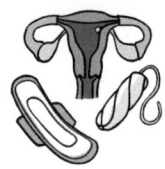

menstruacija

менструација

vagina

вагина

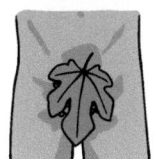

penis

пенис

obrva

обрва

kosa

коса

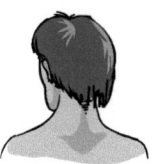

vrat

врат

bolnica
болница

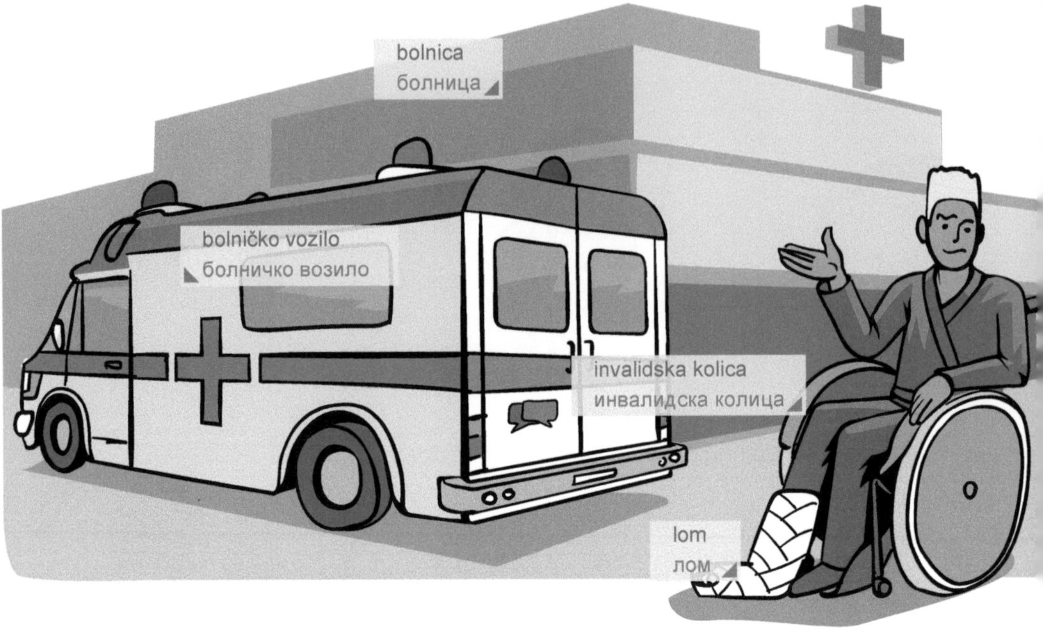

bolnica
болница
bolničko vozilo
болничко возило
invalidska kolica
инвалидска колица
lom
лом

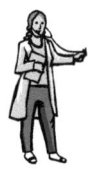

lekar

лекар

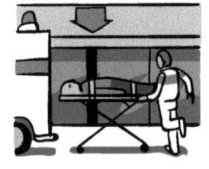

hitna medicinska služba

хитна медицинска служба

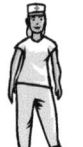

medicinska sestra

медицинска сестра

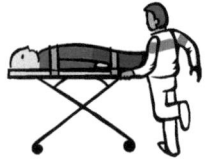

hitni slučaj

хитни случај

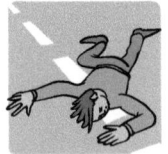

nesvest

несвест

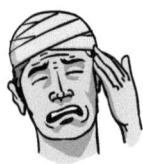

bol

бол

povreda

повреда

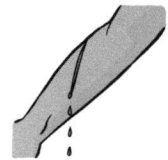

krvarenje

крварење

srčani udar

срчани удар

udar

удар

alergija

алергија

kašalj

кашаљ

groznica

грозница

gripa

грипа

proliv

пролив

glavobolja

главобоља

rak

рак

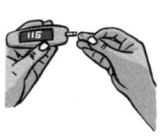

dijabetes

дијабетес

hirurg

хирург

skalpel

скалпел

operacija

операција

ct
....
цт

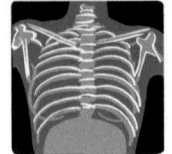

rentgen
....
рентген

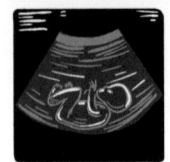

ultrazvuk
....
ултразвук

maska
....
маска

bolest
....
болест

čekaona
....
чекаона

štaka
....
штака

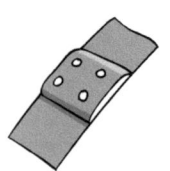

flaster
....
фластер

zavoj
....
завој

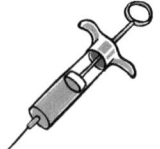

injekcija
....
ињекција

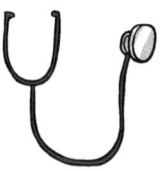

stetoskop
....
стетоскоп

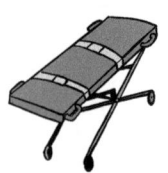

nosila
....
носила

termometar
....
термометар

rođenje
....
рођење

prekomerna težina
....
прекомерна тежина

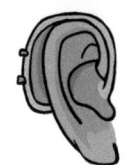

slušni aparat

слушни апарат

sredstvo za dezinfekciju

средство за дезинфекцију

infekcija

инфекција

virus

вирус

HIV / AIDS

хив / аидс

medicina

медицина

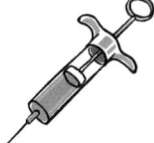

vakcinacija

вакцинација

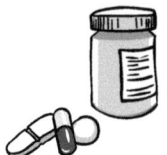

tablete

таблете

pilula

пилула

hitni poziv

хитни позив

uređaj za merenje pritiska

уређај за мерење
притиска

bolesno / zdravo

болесно / здраво

pomoć!

помоћ!

alarm

аларм

nasrtaj

насртај

napad

напад

opasnost

опасност

izlaz u slučaju nužde

излаз у случају нужде

požar!

пожар!

protivpožarni aparat

противпожарни апарат

nezgoda

незгоца

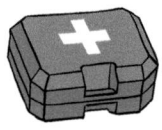

kutija prve pomoći

кутија прве помоћи

sos

сос

policija

полиција

Evropa

Европа

Severna Amerika

Северна Америка

Južna Amerika

Јужна Америка

Afrika

Африка

Azija

Азија

Australija

Аустралија

Atlantik

Атлантик

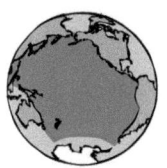

Pacifik

Пацифик

Indijski okean

Индијски океан

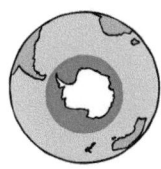

Antarktički okean

Антарктички океан

Arktički ocean

Арктички океан

Severni pol

Северни рол

Južni pol

Јужни рол

Antarktik

Антарктик

zemlja

земља

zemlja

земља

more

море

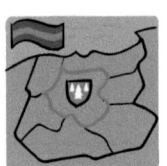

otok

оток

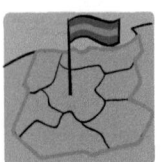

nacija

нација

država

држава

brojčanik sata

бројчаник сата

satna kazaljka

сатна казаљка

minutna kazaljka

минутна казаљка

sekundna kazaljka

секундна казаљка

Koliko je sati?

Колико је сати?

dan

дан

vreme

време

sada

сада

digitalni sat

дигитални сат

minuta

минута

čas

час

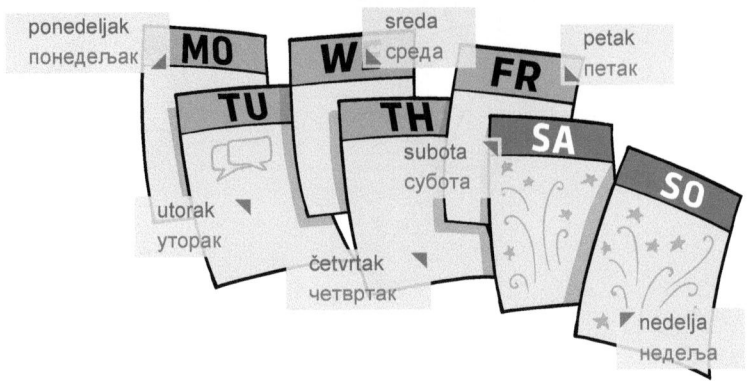

ponedeljak / понедељак
sreda / среда
petak / петак
utorak / уторак
subota / субота
četvrtak / четвртак
nedelja / недеља

juče
─────────
jyче

danas
─────────
данас

sutra
─────────
сутра

jutro
─────────
jyтро

podne
─────────
подне

veče
─────────
вече

radni dani
─────────
радни дани

vikend
─────────
викенд

godina
година

kiša
киша
duga
дуга
vetar
ветар
sneg
снег
proleće
пролеће
jesen
јесен
leto
лето
zima
зима

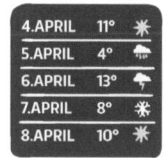

4.APRIL 11°
5.APRIL 4°
6.APRIL 13°
7.APRIL 8°
8.APRIL 10°

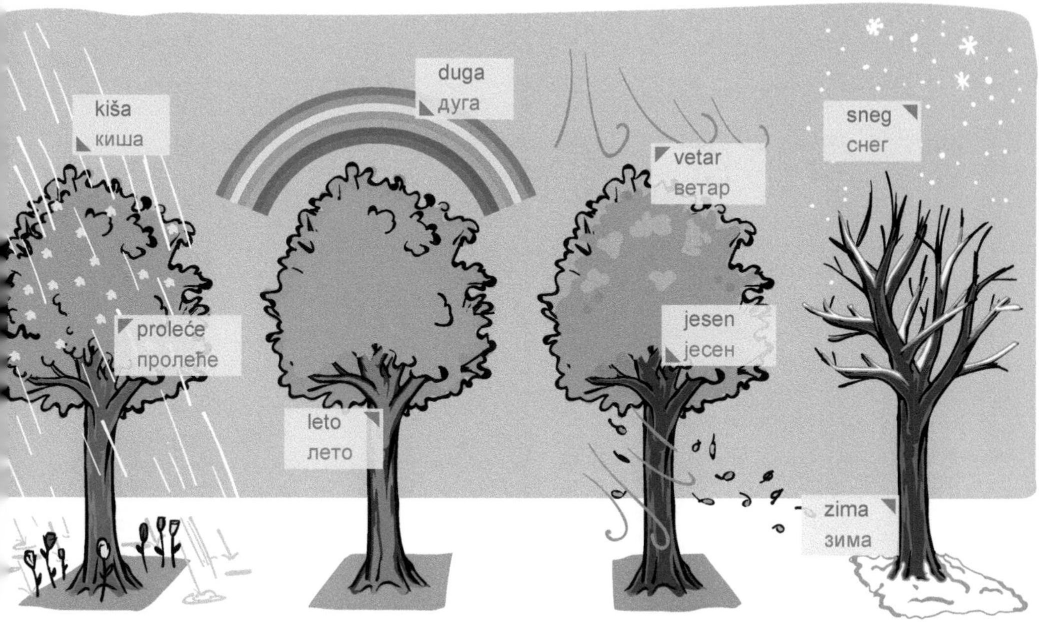

meteorološka prognoza

етеоролошка прогноза

F
C
120
90
60
30
0
-30
40
30
20
10
0
-10
-20

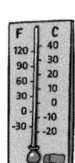

termometar

термометар

sunčana svetlost

сунчана светлост

oblak

облак

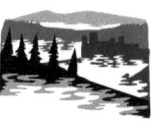

magla

магла

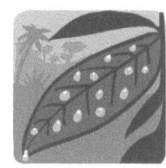

vlažnost vazduha

влажност ваздуха

munja

муња

grmljavina

грмљавина

oluja

олуја

tuča

туча

monsun

монсун

poplava

поплава

led

лед

januar

јануар

februar

фебруар

mart

март

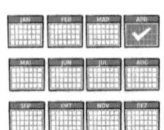

april

април

maj

мај

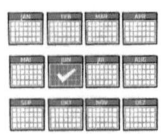

juni

јуни

juli

јули

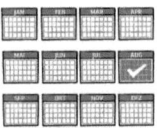

avgust

август

82   godina - година

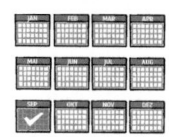

septembar
....
септембар

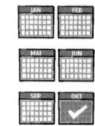

oktobar
....
октобар

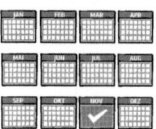

novembar
....
новембар

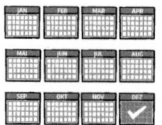

decembar
....
децембар

krug
....
круг

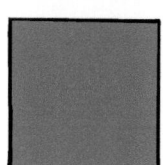

kvadrat
....
квадрат

pravougao
....
правоугао

trougao
....
троугао

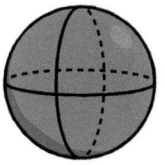

kugla
....
кугла

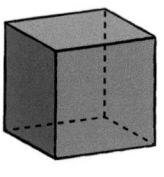

kocka
....
коцка

bela

бела

žuta

жута

narandžasta

наранџаста

ružičasta

ружичаста

crvena

црвена

ljubičasta

љубичаста

plava

плава

zelena

зелена

smeđa

смеђа

siva

сива

crna

црна

mnogo / malo

много / мало

ljutito / mirno

љутито / мирно

lepo / ružno

лепо / ружно

početak / kraj

почетак / крај

veliko / maleno

велико / малено

svetlo / tamno

светло / тамно

brat / sestra

брат / сестра

čisto / prljavo

чисто / прљаво

potpuno / nepotpuno

потпуно / непотпуно

dan / noć

дан / ноћ

mrtvo / živo

мртво / живо

široko / usko

широко / уско

jestivo / nejestivo

jeстиво / нejeстиво

zlo / dobro

зло / добро

uzbuđeno / dosadno

узбуђено / досадно

debelo / mršavo

дебело / мршаво

na početku / na kraju

на почетку / на крају

prijatelj / neprijatelj

пријатељ / непријатељ

puno / prazno

пуно / празно

tvrdo / mekano

тврдо / мекано

teško / lagano

тешко / лагано

glad / žeđ

глад / жеђ

bolesno / zdravo

болесно / здраво

ilegalno / legalno

илегално / легално

pametno / glupo

паметно / глупо

levo / desno

лево / десно

blizu / daleko

близу / далеко

suprotnosti - супротности

novo / polovno

ново / половно

ništa / nešto

ништа / нешто

staro / mlado

старо / младо

uključeno / isključeno

укључено / искључено

otvoreno / zatvoreno

отворено / затворено

tiho / glasno

тихо / гласно

bogato / siromašno

богато / сиромашно

tačno / pogrešno

тачно / погрешно

hrapavo / glatko

храпаво / глатко

tužno / sretno

тужно / сретно

kratko / dugo

кратко / дуго

polako / brzo

полако / брзо

mokro / suho

мокро / сухо

toplo / hladno

топло / хладно

rat / mir

рат / мир

0	**1**	**2**
nula	jedan	dva
нула	jeдaн	два
3	**4**	**5**
tri	četiri	pet
три	четири	пет
6	**7**	**8**
šest	sedam	osam
шест	седам	осам
9	**10**	**11**
devet	deset	jedanaest
девет	десет	jeданаест

12

dvanaest

дванаест

13

trinaest

тринаест

14

četrnaest

четрнаест

15

petnaest

петнаест

16

šestnaest

шестнаест

17

sedamnaest

седамнаест

18

osamnaest

осамнаест

19

devetnaest

деветнаест

20

dvadeset

двадесет

100

stotinu

стотину

1.000

hiljadu

хиљаду

1.000.000

milion

милион

engleski

енглески

američki engleski

амерички енглески

mandarinski kineski

мандарински кинески

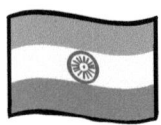

hindski

хиндски

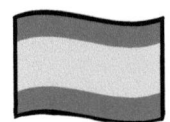

španski

шпански

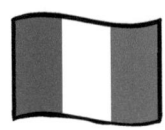

francuski

француски

arapski

арапски

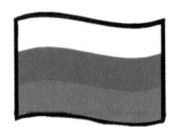

ruski

руски

portugalski

португалски

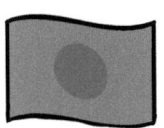

bengalski

бенгалски

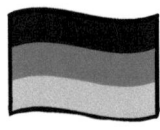

nemački

немачки

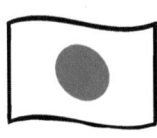

japanski

јапански

ja
ja

ti
ти

on / ona / ono
он / она / оно

mi
ми

vi
ви

oni
они

Ko?
Ко?

Šta?
Шта?

Kako?
Како?

Gde?
Где?

Kada?
Када?

ime
име

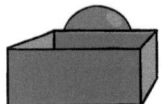

iza
....
иза

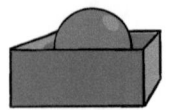

u
....
у

ispred
....
испред

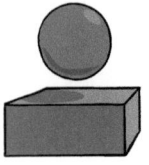

preko
....
преко

na
....
на

ispod
....
испод

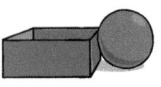

pored
....
поред

između
....
између

mesto
....
место